Stefan Endriß

Nachwuchsförderung im Fußball
Sportethische Erwägungen

AF707849

Stefan Endriß

Nachwuchsförderung im Fußball

Sportethische Erwägungen

Rediroma-Verlag

Bibliografische Information der Deutschen Nationalbibliothek:
Die Deutsche Nationalbibliothek verzeichnet diese Publikation in der Deutschen Nationalbibliografie; detaillierte bibliografische Daten sind im Internet über http://portal.dnb.de abrufbar.

ISBN 978-3-98527-301-0

Copyright (2021) Rediroma-Verlag

Alle Rechte beim Autor

www.rediroma-verlag.de
6,95 Euro (D)

Inhaltsverzeichnis

Einleitung

Fußball kann in Deutschland mit Fug und Recht als Sportart Nummer eins betitelt werden. Nicht nur ist der Deutsche Fußball Bund mit seinen 7,1 Millionen Mitgliedern der mitgliederstärkste Sportverband in der Bundesrepublik Deutschland[1], ebenso war über Jahre hinweg die Zahl der Fernsehzuschauer bei Spielen der deutschen Fußball Nationalmannschaft besonders hoch.

Zur Sicherung dieser Bedeutung und des sportlichen Erfolges hat der Deutsche Fußballbund bereits vor vielen Jahren eine breit angelegte und mehrere Ebenen umfassende Nachwuchsförderung installiert. Einerseits werden Talente an den sogenannten DFB-Stützpunkten mit zusätzlichem Training inklusiv Turnieren und Länderspielen eigens gefördert. Andererseits sind alle Vereine der ersten und zweiten Bundesliga „per Lizenzierungsstatut zum Aufbau eines Leistungszentrums für Talente nach festgelegten Kriterien verpflichtet“[2]. Konkret werden folgende Ziele für diese Form der Nachwuchsförderung genannt: Das Bieten einer sportlichen Anlaufstelle zur Förderung der besten Talente und Perspektivspieler einer Region. Die Integration möglichst vieler eigener Talente in den Lizenzspieler-Kader und der perspektivische Aufbau einer erfolgreichen 1. Mannschaft auf Basis einer Spielphilosophie. Das Erreichen einer Refinanzierung der Zentren durch diese „ablösefreie“, aber spielstarke Ergänzung des eigenen Lizenzspieler-Kaders oder durch lukrati-

---

1 https://de.statista.com/statistik/daten/studie/184918/umfrage/sportarten-in-deutschland-nach-anzahl-der-mitglieder/ [11.01.2021].

2 https://www.dfb.de/index.php?id=1003466 [11.01.2021].

ve Transfers eigener Perspektivspieler. Schließlich das Erlangen einer größeren Identifikation der Fans mit jungen Lizenzspielern aus der eigenen Region und den Aufbau einer intensiv gepflegten Kooperation mit Amateurvereinen der Region.[3] Die derartige Strukturierung der Nachwuchsförderung soll eine möglichst gute Qualität deutscher Fußballer hervorrufen. „Die unbestrittenen Qualitätssteigerungen junger, nachrückender Spieler im deutschen Fußball sind nicht zuletzt ein Resultat dieser intensivierten, sportlich optimierten Arbeit der Leistungszentren! Eine systematische, intensive und innovative sportliche Förderung der Talente in einem hochprofessionellen Umfeld ist der Kern, um die Perspektivspieler auf spätere Qualitätsanforderungen im Lizenzfußball vorzubereiten."[4]

Aktuell stehen an dieser Stelle erneut strukturelle Neuerungen auf der Tagesordnung. Denn die Qualität der deutschen Talente scheint in den letzten Jahren zunehmend schwächer zu werden. Jedenfalls hatte der Trainer der U21-Nationalmannschaft nach eigener Aussage bereits weniger Grund, mit dem zwischenzeitlich aus dem Amt geschiedenen Trainer der A-Nationalmannschaft zu sprechen[5] und nach dem Aus bei der EM 2020 greift die Sorge um den Nachwuchs weiter um sich.[6] Unter dem Schlagwort „Projekt Zukunft"[7] beschloss der DFB auf

---

[3] Vgl. ebd.

[4] Ebd.

[5] Vgl. https://www.kicker.de/kuntz-aus-diesem-grund-unterhalten-sich-jogi-und-ich-nicht-mehr-790454/artikel [11.01.2021].

[6] Vgl. https://www.n-tv.de/sport/fussball-em/Dem-DFB-droht-ein-ganz-boeses-Szenario-article22658526.html?utm_source=pocket-newtab-global-de-DE [6.7.2021].

[7] https://www.dfb.de/news/detail/dfb-bundestag-beschliesst-projekt-

seinem 43. Bundestag am 27. September 2019 zur Verbesserung dieser Situation eine Weiterentwicklung der Nachwuchsförderung mit dem Ziel, „den deutschen Fußball dauerhaft an der Weltspitze zu etablieren“[8].

Die Frage dieser Nachwuchsförderung steht im Blickpunkt der hier angestellten Überlegungen. Das „Projekt Zukunft“ des DFB spricht von „einer Fokussierung auf den sportlichen Kern“[9]. Wenngleich die Aufgabe der persönlichen Entwicklung der Nachwuchsspieler dem DFB durchaus bewusst ist, stellt sich aus sportethischer Sicht allerdings die Frage, ob diese Aufgabe in der Umsetzung gebührend Berücksichtigung findet und damit auch mit Blick auf die potentielle sportliche Leistungsfähigkeit alle Möglichkeiten ausgeschöpft sind.[10] Deshalb nehmen die hier vorgelegten Überlegungen die Nachwuchsförderung im deutschen Fußball in den Blick und beleuchten diese auf dem Boden einer ganzheitlichen Anthropologie. Konkret steht die Frage im Raum, wie die sportliche Nachwuchsförderung im Amateurbereich und in zentraler Form in den Nachwuchsleistungszentren mit der persönlichen Reifung der jungen Menschen in Einklang gebracht werden kann. Denn neben dem athletischen Han-

---

zukunft-208010/ [11.01.2021].

[8] https://www.dfb.de/fileadmin/_dfbdam/210191-Final_-_Beschlussvorlage_I_-_Projekt_Zukunft_-_m%C3%A4nnlich.pdf, Seite 2. [11.01.2021].

[9] Ebd.

[10] In einem Videotelefonat mit mir betonte der Leiter der Nachwuchsabteilung des DFB, Markus Hirte, dass die Persönlichkeitsbildung durchaus große Beachtung innerhalb des DFB findet. Mit Blick auf die folgenden Ausführungen sehe ich allerdings die Wichtigkeit, zwischen Persönlichkeit im sportlichen Bereich (Spielerpersönlichkeit) und allgemeiner Persönlichkeit zu differenzieren.

deln[11] und der sportartspezifischen Fertigkeit bedarf der Sport im leistungsorientierten Bereich ebenso einer reifen und entwickelten Persönlichkeit. Im Kontext der allgemeinen Nachwuchsförderung steht aus sportethischer Perspektive die Frage im Raum, ob das Handeln der Vereine und die individuell ausgearbeiteten Statuten die Möglichkeit bieten, eine ganzheitliche Förderung der jungen Menschen[12] zu unterstützen. Ebenso wird eruiert, welche Werte und Normen als Grundlage für das jeweilge Handeln dienen.[13]

Ein noch recht akutelles Beispiel kann die Zielrichtung der Überlegungen verdeutlichen. Am 17. November 2020 erlitt die deutsche Fußballnationalmannschaft eine empfindliche und historisch ziemlich einmalige 0:6-Niederlage in Spanien. Mehr noch als das Ergebnis rief vor allem die Art und Weise des Zustandekommens der Niederlage große Fassungslosigkeit hervor. Diese lag vor allem darin begründet, dass gerade die ehemals als

---

[11] Vgl. Gunter Gebauer: Für eine neue Ethik im Sport, in: Franke Elk (Hg.): Ethik im Sport, Schorndorf 2011, 76-90, hier 76.

[12] Vgl. Christoph Hübenthal: Sport im Dienst der menschlichen Person. Prolegomena zu einer christlichen Sicht des Sports, in: Dietmar Mieth/Norbert Müller/Christoph Hübentahl (Hgg.): Sport und Christentum. Eine anthropologische, theologische und pastorale Herausforderung, Mainz 2008, 59-74, hier 69.

[13] Als „Aufgabe der Sportethik" kann „die Reflexion der im Sport handlungsleitenden Überzeugungen und des im Sport praktizierten Ethos in individualethischer, institutionenethischer und sozialethischer Perspektive sowie die theoretische Begründung von Werten und Normen, die für den Sport handlungsleitend sein können oder sogar müssen" genannt werden. „Dazu gehört es zu beschreiben, welche ethischen Werte und Normen in Geltung stehen." Frank Martin Brunn: Sportethik. Theologische Grundlegung und exemplarische Ausführung, Berlin/Boston 2014, 33.

selbstverständlich geltenden deutschen Tugenden vermisst wurden: Leidenschaft, Einsatz und die Bereitschaft, sich gegen die Niederlage zu wehren oder in anderen Worten: mit einer Krisensituation umzugehen. Das letzte wird mit Blick auf die allgmeine persönliche Entwicklung des Menschen heute in Pädagogik und Psychologie unter dem Schlagwort Resilienz (Widerstandfähigkeit) ausgiebig diskutiert.[14]

Damit aber ist erneut jene Ebene angesprochen, die für den Bereich des Amateursprots eine wichtige Komponente bildet und auch im „Projekt Zukunft“ eventuell noch mehr zu ergänzen wäre. Denn unstrittig sind die deutschen Fußballer heute aus rein fußballerischer Sicht gänzlich anders ausgebildet als vor 20 oder 30 Jahren. Die technische Finesse, das taktische Spielverständnis und ein kluges Zweikampfverhalten haben im Laufe der letzten Jahre sicherlich enorm an Bedeutung gewonnen, wofür die zu Ende gegangene Ära Löw trotz der zuletzt anmutenden Stagnation sinnbildlich steht. Das lässt gleichwohl nicht übersehen, dass die im Zusammenhang mit der empfindlichen Niederlage der Nationalmannschaft angesprochenen früheren Tugenden dabei eher vernachlässigt wurden – mit allen heute sichtbaren Folgen. Interessanterweise stehen auch trotz des frühen Scheiterns bei der EM gegen die Schweiz für diese eher persönlichen denn sportlichen Fähigkeiten heute eher die Fußballer des aktuellen Weltmeisters Frankreich mit ihrem biographischen Hintergrund[15] als die deutschen Talente. Auf die ebenso

[14] Vgl. Klaus Fröhlich-Gildhoff/Maike Rönnau-Böse: Resilienz, München 2019^5.

[15] Vgl. zu diesem Faktor https://www.tagesspiegel.de/sport/junge-

vorhandene Gefahr der Fremdbestimmung und ihrer Auswirkung auf die persönliche Entwicklung der Fußballer hat der DFB-Direktor für Nationalmannschaften und Akademie jüngst selbst hingewiesen.[16] Und der frühere Bundestrainer Berti Vogts kritisiert gar: „Die Profiakademien der Bundesligaklubs und des DFB sind mir seit Jahren ein Dorn im Auge. Denn dort wird nicht etwa das individuelle Talent gefördert, sondern die Allgemeinheit der Nachwuchs-Topspieler auf ein gemeinsames Niveau gebracht. Was für ein Quatsch! Wir brauchen keine Roboter, sondern besondere Menschen."[17]

Mit Blick auf das „Projekt Zukunft" des DFB, die Nachwuchsleistungszentren wie auch die Amateurvereine beabsichtigen vorligende Überlegungen, aus sportethischer Perspektive die sportlich-fußballerische Entwicklung einzubetten in eine ganzheitliche Ausbildung, in der die personale Reifung der Spieler als Grundlage sportlicher Leistungsfähigkeit fest im Blick ist.[18] Dazu werden zunächst entwicklungspsychologische Erkenntnisse herangezogen, um die auf persönlicher Ebene vor den Talenten liegenden

---

spieler-aus-paris-warum-frankreich-als-talentschmiede-den-weltfussball-dominiert/22802320.html [11.01.2021].

[16] Vgl. https://www.focus.de/sport/fussball/fussball-dfb-bierhoff-warnt-profis-vor-unselbststaendigkeit_id_12896161.html [23.01.2021].

[17] Vgl. https://www.t-online.de/sport/fussball/bundesliga/id_90261922/em-2021-berti-vogts-robin-gosens-muss-ein-alarmsignal-sein.html [21.06.2021].

[18] Übrigens betonte Meikel Schönweitz als Cheftrainer der DFB-U-Teams nach dem Triumpf der U21 bei der diesjährigen Europameisterschaft, trotz des Erfolgs die Probleme in der Nachwuchsförderung nicht aus dem Auge zu verlieren. Vgl. https://www.kicker.de/u-21-triumph-an-den-problemen-in-der-nachwuchsfoerderung-aendert-das-nichts-806788/artikel [16.06.2021].

Herausforderungen einschätzen zu können. Auf dem Boden dieser Erkennisse werden die Statuen von drei existierenden Leistungszentern (FC Bayern München, TSG Hoffenheim und RB Leipzig) gesichtet und bewertet. Abschließend erfolgen Überlegungen, wie die Nachwuchsförderung im Fußball unter Einbindung der aufgegriffenen und dargestellten entwicklungspsychologischen Erkenntnisse gestaltet sein könnte.[19]

[19] Wem der Weg durch das folgende Kapitel zu mühsam ist, kann auch direkt beim zweiten Kapitel weiterlesen.

1. Entwicklungspsychologische Erkenntnisse

Eine wesentliche Aufgabe des Menschen besteht darin, sich selbst zu formen und dahin zu gelangen, mit sich selbst im Reinen leben. Erik Homburger Erikson spricht in diesem Zusammenhang von Ich-Identität und kennzeichnet diese als „eine innere Einheitlichkeit und Kontinuität (also das Ich im Sinne der Psychologie)“[20]. Es geht für den Menschen darum, über alle Umstände und alle Zeit hinweg sich selbst als konsistent zu erfahren, „d. h. [...] man weiß, wer man ist und worin über Zeit, Situationen und soziale Kontexte hinweg die Einheitlichkeit und Unverwechselbarkeit der eigenen Person (Individualität) begründet ist“[21]. Die Entwicklungspsychologie nimmt den Weg zu einer solchen Identität in den Blick und beschäftigt sich „mit Veränderungen des Erlebens und Verhaltens“[22] eines Menschen. Entwicklung meint dabei die „geordnete (regelhafte), gerichtete und längerfristige Veränderung des Erlebens und Verhaltens über die gesamte Lebensspanne“[23]. Der Verlauf der menschlichen Entwicklung auf der Ebene der Persönlichkeit ist dabei nicht einfach ein naturgegebener Prozess, sondern geht im Zusammenspiel von (genetischen) Anla-

---

[20] Erik Homburger Erikson: Identität und Lebenszyklus. Drei Aufsätze, Frankfurt 2001, 107.

[21] Rolf Oerter/Eva Dreher: Jugendalter, in: Rolf Oerter/Leo Montada (Hgg.): Entwicklungspsychologie, Weinheim/Basel/Berlin 2002[5], 258-318, hier 266.

[22] Martin Martin Pinquart/Gudrun Schwarzer/Peter Zimmermann: Entwicklungspsychologie – Kindes- und Jugendalter, Göttingen 2011, 14.

[23] Ebd.

gen und Einflüssen der Umwelt vor sich.[24]

Der an der Universität Chicago lehrende Amerikaner Robert Havighurst (1900-1991) prägte den Begriff der Entwicklungsaufgeben[25], die er als „als typische Anforderungen, die in einer bestimmten Lebensphase bewältigt werden müssen“[26] verstand und die „biologische, soziale oder individuelle Quellen“[27] umfassen.

„Entwicklungsaufgaben kennzeichnen Probleme oder Herausforderungen, die sich dem Individuum zu einem Zeitpunkt oder zu einer Phase seines Lebens stellen. Sie treten über die gesamte Lebensspanne auf (z. B. die Einschulung in der Kindheit, das Eingehen erster intimer Partnerschaften in der Jugend oder der Einstieg in den Beruf im frühen Erwachsenenalter) und entstehen durch die biologische Entwicklung (z. B. Pubertät), gesellschaftliche Anforderungen und Erwartungen (z. B. ‚trocken werden‘) oder individuelle Wünsche und Zielsetzungen (z. B. berufliche Selbstständigkeit erreichen). Außerdem stellen auch antizipierte (z. B. die Geburt eines Kindes) sowie unvorhergesehene kritische Lebensereignisse (z. B. der plötzliche Tod eines Familienmitglieds) Entwicklungsaufgaben dar. Havighurst nahm

---

[24] Vgl. ebd. Einen Überblick über entwicklungspsychologische Konzepte, die ihr Gewicht eher auf der Reifung als innerer Entwicklung oder mehr auf der Reifung als von außen hervorgerufenem Prozess legen, bietet August Flammer: Entwicklungstheorien. Psychologische Theorien der menschlichen Entwicklung, Bern 2009[4], 49ff.

[25] Vgl. Matthias Trautmann: Entwicklungsaufgaben bei Havighurst, in: Matthias Trautmann: Entwicklungsaufgaben im Bildungsgang, Wiesbaden 2004, 19-40.

[26] Johannes Jungbauer: Entwicklungspsychologie des Kindes- und Jugendalters. Ein Lehrbuch für Studium und Praxis sozialer Berufe, Weinheim/Basel 2017, 29.

[27] Ebd.

an, dass die geglückte Bewältigung einer Entwicklungsaufgabe günstige Voraussetzungen für das Lösen von weiteren Entwicklungsaufgaben und für ein zufriedenes Leben darstellte. Ihre missglückte Lösung sollte hingegen zu Unzufriedenheit, Missbilligung durch die Gesellschaft sowie Schwierigkeiten mit folgenden Entwicklungsaufgaben führen.“[28]

Mit Blick auf die hier ausgeführten Überlegungen steht deshalb die Aufgabe im Raum, die von jungen Menschen zu bewältigenden Entwicklungen im besagten Alter in den Blick zu nehmen. Denn dieses Alter ist eine wichtige Phase für die Festigung der Persönlichkeit.

„Jugendliche sind oft sehr stark mit sich selbst beschäftigt. Sie machen sich viele Gedanken darüber, wer sie sind, wie sie sein wollen und wie sie auf andere wirken. Die Frage ‚Wer bin ich?‘, also die Frage nach der eigenen Identität, beschäftigt Menschen natürlich nicht nur im Jugendalter. Aber gerade in der Adoleszenz ist die Auseinandersetzung mit der eigenen Identität und dem eigenen Lebensentwurf besonders intensiv. Der Aufbau der eigenen stabilen Identität kann gerade in der Spätmoderne als zentrale Entwicklungsaufgabe des Jugendalters gelten.“[29]

Angesichts der Nachwuchsleistungszentren und der fußballerischen Ausbildung in den Amateurvereinen steht die Klärung an, wie die fußballerische Beanspruchung gestaltet

---

[28] Werner Greve/Tamara Thomsen: Entwicklungspsychologie. Eine Einführung in die Erklärung menschlicher Entwicklung, Wiesbaden 2019, 24.

[29] Jungbauer: Entwicklungspsychologie des Kindes- und Jugendalters, 189f.

sein muss, um die persönliche Entwicklung der jungen Menschen in dieser Lebensphase nicht negativ zu beeinträchtigen. Aus Sicht einer ganzheitlichen Anthropologie als Grundlage für sportethische Fragen liegt dabei die Annahme zugrunde, dass die persönliche und die fußballerische Entwicklung nicht unabhängig und getrennt voneinander verlaufen, sondern beide Wege in einem Gleichgewicht stehen und sich gegenseitig beeinflussen. Wenngleich es unstrittig ist, dass „durch Sport wichtige psychische Qualitäten wie Selbstbewusstsein, Toleranz gegenüber Enttäuschungen und Niederlagen, Konfliktfähigkeit, positives Denken, Durchsetzungsvermögen usw. entwickelt, verbessert und geschult werden“[30] können, lassen bereits die bisherigen Ausführungen erkennen, dass nicht jedes sportliche Korsett stimulierend auf die Persönlichkeitsentwicklung wirken muss, sondern die Schulung besagter personaler Qualitäten auch negativ beeinträchtigen und damit bremsen kann.

Im Rahmen der hier erörterten Frage des Zusammenspiels der Nachwuchsförderung mit der persönlichen Entwicklung der Jugendlichen sind selbstverständlich nicht alle Felder der Entwicklungspsychologie relevant. Die Entwicklung der Wahrnehmung, des Denkens, der Informationsverarbeitung oder der Sprache werden deshalb ausgeklammert. Der Akzent ruht dagegen auf der Entwicklung der Motivation und Handlungsregulation, der emotionalen Entwicklung, der sozialen Entwicklung, der moralischen Entwicklung und der Entwicklung der Persönlichkeit im Sinne des Selbstkonzepts. Im Blick ist vor allem das Alter

---

[30] Bernhard Stier/Nikolaus Weissenrieder/Karl Ottfried Schwab (Hgg.): Jugendmedizin, Berlin 2018², 63.

von 10-18 Jahren mit allen Veränderungen innerhalb dieser Phase.[31]

a) Entwicklung von Motivation und Emotion

Für den sportlichen Erfolg spielt neben dem fußballerischen Können die Motivation eine gewichtige Rolle. Sind die jungen Menschen dazu bereit, permanent ihre sportlichen Fähigkeiten zu beweisen oder sie gar weiterzuentwickeln?[32]

Wie im schulischen Kontext die Lernfreude durch negative Rückmeldungen, weniger rosige Erfolgsaussichten bezüglich der eigenen Leistung und zu viel Leistungsdruck vermindert wird[33], so darf analog angenommen werden, dass sowohl positive wie auch negative Erfahrungen aus dem sportlichen Bereich entsprechende Auswirkungen auf die personale Entwicklung der jungen Fußballer besitzen. Die Leistungsmotivation bewegt sich auch hier „im Konfliktfeld zwischen Hoffnung auf Erfolg (Affekt: Stolz) und Furcht vor Misserfolg (Affekt: Scham)“[34]. Insofern eine gute Grundstimmung existiert, kommt die vom emeritierten Philosophieprofessor und früheren Ruderolympiasieger Hans Lenk betonte menschliche Fähigkeit zum Tragen, durch ein bewusstes und zielgerichtetes Handeln Leis-

---

[31] Die Pubertät etwa kennzeichnet sich unter anderem dadurch, bereits erlangte Sicherheiten zu lockern. Vgl. Erikson: Identität und Lebenszyklus, 106.

[32] Leistungsmotivation meint die Bereitschaft, „Tüchtigkeit unter Beweis stellen [zu] wollen oder [zu] müssen“. Pinquart/Schwarzer/Zimmermann: Entwicklungspsychologie – Kindes- und Jugendalter, 157.

[33] Vgl. ebd., 166.

[34] Oerter/Dreher: Jugendalter, 567.

tung zu erbringen und in der Lage zu sein, Begeisterung an der Sache zu entwickeln.[35]

Hinderlich für die Leistungsmotivation und die personale Reifung dürften demgegenüber ein zu hoher Leistungsdruck verbunden mit einer zu dominanten Einforderung von Leistung wie auch ein übertriebenes Artikulieren von Kritik sein. Beim Blick auf die Nachwuchsförderung erweist sich deshalb die Frage als von größter Bedeutung, auf welche Weise die sportliche Weiterentwicklung der Spieler hervorgerufen wird. Sind großer Leistungsdruck und permamentes Artikulieren von Fehlern zentral im Umgang mit den jungen Spielern? Oder herrscht eine Atmosphäre vor, in der die jungen Spieler Fehler machen dürfen, so dass sie in Phasen von Leistungsschwankungen beispielsweise nicht unmittelbar vom Ende der Zugehörigkeit zum jeweiligen Nachwuchtsleistungszentrum bedroht sind? Aus der Perspektive der Leistungsmotivation ist deshalb eine gesunde Mischung aus Bestätigung und aufmunternder Kritik angesagt. Diese ist zu verstehen als einerseits klare Artikulation der Verbesserungsmöglichkeiten, andererseits aber als Form einer Unterstützung, die mit Hilfestellung auf dem Weg zu Fortentwicklung und nicht als Aufzählung von Unzulänglichkeiten gepaart ist.

In der Umsetzung dienen mittelschwere Aufgaben und Anforderungen dem Erhalt oder der Steigerung der Leistugnsmotivation: sie überfordern aus der Innenperspektive des Spielers nicht, fordern ihn jedoch dennoch heraus und bringen den Spieler auf ein neues Level.[36] Eine

---

[35] Vgl. Hans Lenk: Sport von Kopf bis Fuß(ball), Münster (oder Berlin?) 2010, 9ff.

[36] Vgl. Jutta Kienbaum/Bettina Schuhrke/Mirjam Ebersbach: Entwick-

zu große Kanalisierung des Handelns sowie strikte Kontrolle und nicht altersgemäße Kritik können demgegenüber leicht dazu führen, dass Motivation und Begeisterung an der Sache verloren gehen. Ein Indiz dafür, dass hier für Defizite gerade in den Nachwuchsleistungszentren spricht, ist die Zahl derer, welche aufgrund nicht mehr ausreichender Motivation von selbst einen Schritt zurücktreten.

Eng mit der Leistungsmotivation sind die Emotionen verbunden. Im Laufe der ersten Lebensjahre ist es wichtig, die Fähigkeit zur Emotionsregulation zu erwerben. Korreliert bei einem kleinen Kind der Ausdruck der Gefühlswelt mit dem inneren Erleben, folgt im Laufe der weiteren Entwicklung die Fähigkeit, das innere Erleben durch eine gezielte Mimik vor der Außenwelt verbergen zu können.[37] Im Rahmen dieser Entwicklung prägt sich die Bedeutung der Emotionen für das eigene Handeln immer mehr aus. Konkret besitzen sie die Aufgabe, „die Geschehnisse und Handlungsresultate bezüglich ihrer Bedeutung für die Motivbefriedigung zu bewerten und die (eigenen oder fremden) Handlungen in motivdienlicher Weise auszurichten“[38]. Mit Blick auf unser Thema: das aktuell vorhandene Gefühl der Unlust für das Training führt nicht direkt zu einem Fehlen bei demselben, sondern das Gefühl wird in das große Ganze und das Ziel des sportlichen Vorankommens eingeordnet. Die Motivation bestimmt das Handeln unter der Prämisse dieses Zieles. Damit diese Fähigkeit erhalten bleibt, spielt das Zusammenspiel von Trainer und

---

lungspsychologie der Kindheit. Von der Geburt bis zum 12. Lebensjahr, Stuttgart 2019^2, 232f.

[37] Vgl. Oerter/Dreher: Jugendalter, 579ff.

[38] Ebd., 553.

Spieler eine bedeutende Rolle. Gelingt es dem Trainer als äußerem Impuls nicht, in den Spielern positive Emotionen zu erzeugen, besteht die Möglichkeit, dass bei diesen die negativen Emotionen im Laufe der Zeit derart Überhand nehmen und die Motivation zur Überwindung derselben um eines größeren Zieles willen sinkt.

b) Sozial-moralische Entwicklung

Eine weitere Entwicklungsaufgabe stellt die sozial-moralische Entwicklung dar. Es geht bei dieser darum, sich innerhalb einer Gemeinschaft in einer gemeinschaftsfähigen Form verhalten zu lernen. Im Zusammenhang der hier angestellten Überlegungen stechen drei Fragen hervor: wie lernen es die jungen Menschen, sich an die Regeln innerhalb der eigenen Fußballmannschaft zu halten? Wie kann diese Entwicklungsaufgabe von außen in bestmöglichster Weise gefördert werden? Wie gehen die jungen Menschen mit der gegnerischen Fußballmanschhaft um (Stichwort Fairness)?

Wie in jeder Gemeinschaft gibt es auch innerhalb eines Vereins und einer Mannschaft Verantwortlichkeiten und Pflichten der einzelnen Personen, die das gesamte Gebilde schützen. Damit das Gebilde an dieser Stelle stabil bleibt, kommt es darauf an, dass die vorhandenen Pflichten und Handlungsvorhaben erfüllt werden. Dazu ist es unerlässlich, dass die jungen Menschen die an sie gerichteten Verhaltensanweisungen kennen, nachvollziehen können und befolgen. Die Kenntnis allein verbürgt nicht, dass die Gebote der Gemeinschaft auch dauerhaft im Handeln des Einzelnen umgesetzt werden. Hierzu bedarf es ergänzend der Einsichtigkeit. Gelingt es über einen kommunikativen

Weg, den jungen Fußballern die Sinnhaftigkeit der von ihnen zu befolgenden Verhaltensvorschriften zu vermitteln, werden diese eher befolgt. Kommt hierzu noch die Fähigkeit, in eigener Verantwortung Urteile über das in der Situation richtige und angemessene Handeln zu fällen, führt dies zu einer noch stärkeren Handlungskonsistenz. Bei der Frage, wie das Vereinsumfeld inklusiv des Trainers unterstützend einwirken können, spielt das Stichwort der Internalisierung eine wichtige Rolle. Damit ist gemeint, dass die Heranwachsenden die vorgegebene Verhaltensvorschrift als verpflichtend akzeptieren.[39] In optimaler Form ergibt sich diese Internalisierung nicht durch Macht und Zwang von außen, sondern durch eine subsidiäre Unterstützung, die dazu beiträgt, die eigene Motivation und Überzeugung zu gewünschten Verhaltensmustern zu führen. Auf diesem Weg festigt sich das Selbst der heranwachsenden Person und ermöglicht ein entsprechendes (moralisches) Handeln. Als Ziel der entsprechenden Entwicklung kann die Fähigkeit angegeben werden, „dass ein Individuum lernt, den Regeln auch in Situationen zu entsprechen, in denen es keine Überwachung und keine Sanktionen gibt“[40].

Eine wesentliche Frage des sozialen Handelns bildet angesichts unserer Fragestellung der Umgang mit dem Gegner, der sich auch in der Fähigkeit des Verlieren könnens maniferstiert. Natürlich spielt Erfolg für die Ich-Identität eine gewichtige Rolle.[41] Für die persönliche Entwicklung stellt aber auch das Erlernen des Umgangs

---

[39] Vgl. Oerter/Dreher: Jugendalter, 623.

[40] Lawrence Kohlberg: Die Psychologie der Moralentwicklung, Frankfurt am Main 1995, 7.

[41] Vgl. Erikson: Identität und Lebenszyklus, 107.

mit Misserfolg und Frust eine bedeutende Aufgabe dar. Gerade die Frage der Fairness ermöglicht zu erkennen, wer in diesem Zusammenhang als reife und eigenverantwortliche Persönlichkeit zu sehen ist. Dabei geht es bei Fairness nicht nur um die formale Einhaltung der Regeln, sondern eben auch um eine grundlegende Einstellung zum anderen Spieler.[42] Was bedeutet es beispielsweise für eine Persönlichkeit von Fußballern sowohl in Amateurvereinen als auch in den Nachwuchsleistungszentren, wenn Einstellungen Überhand nehmen, in denen Regelübertretungen erlaubt sind und alle Mittel genutzt werden dürfen oder gar sollen?[43]

c) Entwicklung der Persönlichkeit und des Selbstkonzepts

Mit Blick auf die Entwicklung der Persönlichkeit spielt das jeweilige Umfeld des heranwachsenden Menschen mit in diese Entwicklung hinein. Das Umfeld entscheidet mit, wie sich die Persönlichkeit der jungen Menschen entwickelt und welches Selbstkonzept sie in der Interaktion mt dem Umfeld herausbilden. Unter Persönlichkeit wird dabei „die Gesamtheit aller individuellen Besonderheiten eines Menschen verstanden, die sein Erleben oder Verhalten betreffen“ oder anders formuliert „all das, was ein Indivi-

---

[42] Vgl. Hans Lenk: Wettkampf-Fairness, assoziative Moral, strukturelle Dilemma-Situationen, in: Claudia Pawlenka (Hg.): Sportethik. Regeln – Fairness – Doping. Paderborn 2004, 119-132, hier 120.

[43] Belege für eine Verbreitung dieser Einstellungen im Profifußball schon vor Jahrzehnten liefert Gunter A. Pilz: Fairness im Sport – eine fiktive oder reale Handlungsmoral?, in: Franke Elk (Hg.): Ethische Aspekte des Leistungssports, Clausthal-Zellerfeld 1988, 23-34, hier 26ff.

duum von anderen unterscheidet"[44]. Die bereits angesprochene Aussage von Oliver Bierhoff, dass Fußballer zu Ende ihrer Karriere oft mit ihrem Leben nicht viel anzufangen wissen, weil sie über Jahre oder gar Jahrzehnte hinweg fremdbestimmt waren, lässt angesichts des Umfeldes, das vor allem die Nachwuchsleistungszentren bei der Entwicklung junger Menschen bieten, aufhorchen.

Dabei stellt die Jugend mit Blick auf die angesprochenen Entwicklungsaufgaben eine bedeutende Phase dar. Denn ist die Kindheit dem meist behüteten Umfeld der Familie zugeordnet, weitet sich im Jugendalter der Horizont des jungen Menschen und werden in zunehmendem Maße außerfamiliäre Menschen wichtig. Zugleich ist für den Aufbau einer eigenständigen Persönlichkeit gerade auch die Abgrenzung von den Eltern und dem Bilden eigener Meinungen von nicht zu unterschätzender Bedeutung.[45] Eine sportethische Sicht auf die Nachwuchsförderung hat deshalb zu prüfen, inwiefern diese die Bildung einer selbstbestimmten Persönlichkeit ermöglichen.

d) Weiteres Vorgehen

Insofern die Nachwuchsleistungszentren über die im Internet öffentlich zugänglichen Statuen ermöglichen, deren Strukturen unter dem Gesichtspunkt zu prüfen, ob diese eine angemessene Unterstützung der Entwicklung der Per-

---

[44] Jens B. Asendorpf: Die Persönlichkeit als Lawine: Wann und warum sich Persönlichkeitsunterschiede stabilisieren, in: Gerd Jüttemann/Hans Thomae (Hgg.): Persönlichkeit und Entwicklung, Weinheim und Basel 2002, 46-72, hier 47.

[45] Vgl. Martin Pinquart/Rainer K. Silbereisen: Persönlichkeitsentwicklung im Jugendalter, in: Gerd Jüttemann/Hans Thomae (Hgg.): Persönlichkeit und Entwicklung, Weinheim und Basel 2002, 99-121, hier 104.

sönlichkeit der jungen Spieler mit im Blick haben, verengt sich der Blickwinkel dieser Überlegungen im nächsten Punkt zunächst auf eine exemplarische Untersuchung dieser Nachwuchsleistungszentren. Die verschiedenen in den Statuten zu findenden Akzente mit Blick auf die Frage der Persönlichkeit der Spieler werden gesichtet und geprüft, inwiefern diese Satuten eine individuell geprägte Entfaltung unterstützen und ermöglichen. Im abschließenden dritten Teil der Überlegungen zur Nachwuchsförderung wird das weite Feld des Amateurbereichs wieder integriert.

2. Drei Nachwuchsleistungszentren im Überblick

Wie bereits einführend gesagt, erfolgt der anstehende Blick auf drei Nachwuchtsleistungszentren unter der Perspektive, inwiefern in den jeweiligen Statuten die Entwicklung der Persönlichkeit im Blick ist.[46]

a) Das Junior Team des FC Bayern München

Der deutsche Rekordmeister im Herrenbereich, der FC Bayern München, hat seine Nachwuchsförderung im Laufe der letzten Jahre deutlich ausgebaut. Seit 2017 ist der errichtete FC Bayern Campus die neue Heimat für den Nachwuchs sowie die Damenteams. Neben einem kleinen Stadion für 2.500 Zuschauer finden sich auf dem gesamten Areal acht weitere Fußballfelder, ein Fitnesszentrum und die Bayern Akademie. In dieser befinden sich die Büros der Mitarbeiter und Trainer sowie 35 Appartmens für Spieler, die nicht aus dem näheren Umfeld der Stadt München stammen. Rund 70 Millionen Euro hat der FC Bayern München in diesen Campus investiert, um für die Zukunft gut aufgestellt zu sein und vermehrt eigene Talente in die Profimannschaft integrieren zu können.

Inhaltlich wurde beim FC Bayern München für seine Akademie ein Drei-Säulen-Modell für die Ausbildung der Nachwuchstalente entwickelt: Persönlichkeitsentwicklung,

---

[46] Wie in einem Amateurverein Leitlinien für das Handeln aussehen könnten, zeigt das Jugend- und Sportkonzept des JFV Tuniberg, zu finden auf jfv-tuniberg.de [10.06.2021]. Der Text des Jugendkonzeptes findet sich auch im Anhang 1 dieses Buches. An der Entstehung der beiden Konzepte durfte ich zur Zeit meines dortigen Wirkens maßgeblich mitarbeiten. Ich danke dem Verein für die Zustimmung zum Abdruck in diesem Büchlein.

schulische Ausbildung und sportliche Entwicklung. Der Primat soll dabei nach Aussage des Leitfadens der Persönlichkeitsentwicklung zukommen.[47] „Der respektvolle Umgang miteinander, Selbstständigkeit und Verantwortung sind gemeinsam mit den Werten Teamgeist, Identifikation, Leidenschaft und Anspruchsdenken“[48] Punkte, welche bei der Entwicklung der Jugendspieler im Blick sind. Die schulische Ausbildung wird ebenfalls großgeschrieben. So steht der Verein in enger Kooperation mit einigen Schulen, um die fußballerischen Termine mit den schulischen Verpflichtungen in Einklang bringen zu können. Unterstützung durch Förderunterricht oder individuelle Nachhilfe sind ebenso integriert wie die mögliche Hilfe bei der Suche eines Ausbildungs- oder Studienplatzes.[49]

Die sportliche Entwicklung beruht auf diesen Säulen und kann nicht ohne die dort erarbeitete Grundlage erfolgen. Auf diese Weise verfolgt der Verein das Ziel, die Spieler an die Profimannschaft heranzuführen. „Das Hauptziel der Nachwuchsabteilung des FC Bayern ist es“, so im Leitfaden, „die besten Nachwuchsspieler in das junior team zu integrieren und diese in den einzelnen Mannschaften individuell bestmöglich zu fördern. Dabei sollen im Optimalfall Spieler für die eigene Profimannschaft geformt und eine Spielphilosophie, die an die der Profimannschaft angelehnt ist, implementiert werden.“[50] Damit die Entwick-

---

[47] Vgl. https://fcbayern.com/de/teams/junior-team/leitfaden/drei-saulen-modell [18.11.2020].

[48] Ebd.

[49] Vgl. ebd.

[50] Vgl. https://fcbayern.com/de/teams/junior-team/leitfaden/aufgaben-und-ziele [18.11.2020].

lung und Schulung der Spieler möglichst altersgerecht erfolgt, gliedert sich die Nachwuchsförderung in vier Altersgruppen (U9-U11; U12-U15; U16-U19 und Amateure)[51] mit diesen entsprechend zugeordneten Ausbildungsinhalten. Diese sind an dieser Stelle jedoch rein sportlich definiert. Auch findet sich immer wieder eine Parallelisierung der Persönlichkeit mit der Spielerpersönlichkeit.

b) Die achtzehn99 Akademie der TSG Hoffenheim

Die Nachwuchsförderung der TSG Hoffenheim ist Aufgabe der achtzehn99 Akademie. In dieser kann der TSG Weg hin zum Profi durchlaufen werden. Zwischenzeitlich ist eine Imagebroschüre über die Akademie erschienen.[52] Als allgemeine Philosophie steht der Anspruch, eine „umfassende und ganzheitliche Ausbildung“ zu gewährleisten, die „neben der sportlichen auch […] die schulische Förderung“[53] und als einen weiteren Baustein „die Entwicklung der sozialen Kompetenz im Rahmen einer generellen positiven Persönlichkeitsentwicklung“[54] beinhaltet.

Diese Philosophie wird dann in den einzelnen Zentren umgesetzt, welche dem jeweiligen Alter zugeordnete Inhal-

---

[51] Vgl. https://fcbayern.com/de/teams/junior-team/leitfaden/entwicklungsbereiche [18.11.2020].

[52] Die Imagebroschüre mit dem Titel TSG Akademie. Zusammen. Wachsen. 2021 ist abrufbar unter: https://www.tsg-hoffen-heim.de/assets/Uploads/2ddde897c2/Web_TSG_Akademie_Imagebrosch_2021-v2.pdf [16.03.2021]

[53] https://www.tsg-hoffenheim.de/teams/tsg-akademie/ueberblick/ [16.03.2021].

[54] https://www.tsg-hoffenheim.de/teams/tsg-akademie/philosophie/ [16.03.2021]. Zur allgemeinen Philosophie siehe auch die Imagebroschüre, Seite 12.

te bedienen. Im *Grundlagenzentrum (GZ)* werden die Jüngsten „altersgerecht fußballerisch, aber auch in ihrer sozialen Kompetenz zu starken Persönlichkeiten ausgebildet“ und „werden [...] in Zusammenarbeit mit ‚Anpfiff ins Leben‘ auch im schulischen und sozialen Bereich“[55] gefördert. Die jüngsten dieser Spieler (das Kinderperspektivteam der U9 – U11) „kommen nur zu Trainingseinheiten und ausgewählten Turnieren“[56] in der Akademie zusammen, spielen aber noch in ihren ursprünglichen Vereinen. Sie sollen noch Halt im gewohnten Umfeld finden, jedoch durch das zusätzliche Training gezielt gefördert werden. „Wir möchten die Kinder nicht zu früh aus ihrem gewohnten sozialen Umfeld holen. Sie sollen aber im GZ gewinnbringend und individuell gefördert werden.“[57] Dabei strebt der Verein eine enge Kooperation mit den ursprünglichen Vereinen der Talente an:

„Selbstverständlich werden die Vereinstrainer mit einbezogen, denn sie spielen im Entwicklungsprozess der jungen Spieler eine entscheidende Rolle. Sie haben stets die Gelegenheit, die Trainingseinheiten zu verfolgen und am Fortbildungsangebot der TSG teilzunehmen. So können sie sich immer wieder mit den Akademie-Trainern austauschen und ihre persönliche Trainingsarbeit mit den Kindern stetig verbessern.“[58]

---

[55] https://www.tsg-hoffenheim.de/teams/tsg-akademie/zentren/ueberblick-akademie-zentren/ [16.03.2021].
[56] https://www.tsg-hoffenheim.de/teams/tsg-akademie/ueberblick/ [16.03.2021].
[57] https://www.achtzehn99.de/akademie/zentren/grundlagenzentrum/ [16.03.2021].
[58] https://www.tsg-hoffenheim.de/teams/tsg-akademie/zentren/grundlagenzentrum/ [16.03.2021].

Für das Alter von 5-11 Jahren bietet die TSG darüber hinaus eine Fußballschule unter dem Motto „Trainiere wie die Profis" an. Über die Zielsetzung heißt es:

„Unter optimalen Trainingsbedingungen ermöglichen wir den Zugang zu einem professionellen Umfeld sowie einem spannenden Rahmenprogramm, das das Ziel verfolgt, Kinder langfristig mit Freude am Sport zu begeistern und sie in einer breiten fußballerischen und gesunden Entwicklung zu unterstützen. Inhaltlich steht vor allem eine vielfältige Bewegungserfahrung der Teilnehmer*innen im Vordergrund, die durch spielnahes Üben und motivierendes Coaching begleitet wird. Hiermit entwickeln wir nicht nur die Grundlagen des Fußballspielens weiter, sondern fördern die Kinder ebenfalls durch unsere spezifischen Inhalte in technischer, taktischer, koordinativer und konditioneller Hinsicht. Darüber hinaus regen wir mithilfe unserer kreativen Lösungsansätze die Verbesserung des individualtaktischen Verhaltens sowie der Spielfähigkeit der jungen Fußballspieler*innen an."[59]

Wie auch in der noch zum Grundlagenzentrum gehörenden U12/U13 wird die persönliche Entwicklung eigens thematisiert und mit Inhalt gefüllt. Im Fokus stehen Teamfähigkeit, Selbstverantwortung und Eigeninitiative.[60]

Die nächste Stufe ist die *Akademie-Arena* (U14-U16), die das Bindeglied zwischen den ersten Jahren und dem Hoch-

---

[59] https://www.tsg-hoffenheim.de/kinder-jugendwelt/tsg-fussballschule/infos [16.03.2021].

[60] Vgl. https://www.tsg-hoffenheim.de/teams/tsg-akademie/zentren/grundlagenzentrum/ [16.03.2021].

leistungssport bildet. Angesichts der körperlichen Entwicklung in dieser Phase, sollen die Jugendlichen behutsam weiterentwickelt werden. In der Persönlichkeitsentwicklung steht der Prozess der Individualisierung im Fokus, der die bereits grundgelegten Punkte des Grundlagenzentrums ausbaut und verfestigt. Um den Einklang zwischen sportlicher Betätigung und schulischen Verpflichtungen hinzubekommen, stehen Mitarbeiter von „Anpfiff ins Leben" „in der Hausaufgabenbetreuung, der Klausurvorbereitung und der Koordination von Fehlzeiten mit Rat und Tat zur Seite"[61]. Ebenso werden für die Talente soziale Projekte organisiert, welche sie in ihrer persönlichen Reifung voranbringen und ihren Horizont erweitern sollen.

Die dritte Altersstufe, welche die U17 und die U19 umfasst, ist im *Leistungszentrum (LZ)* vereint. Diesem Zentrum ist ein Internat für bis zu zwölf Spieler angegliedert. Neben der intensiveren sportlichen Ausbildung an der Schnittstelle zum Erwachsenenalter gibt es organisierte Hilfe und sozialpädagogische Betreuung, um trotz der großen Anforderungen die Schulabschlüsse erfolgreich absolvieren und auch persönlich reifen zu können. Über die Ziele der persönlichen Seite ist festgehalten: „Zur Realisierung unserer pädagogischen Ziele unterstützen wir die Spieler bei der Festigung von Selbstständigkeit, der Verstärkung ihrer individuellen und sozialen Kompetenz sowie der Entwicklung ihrer Beziehungsfähigkeit. Wir wollen Persönlichkeiten auf und neben dem Spielfeld entwickeln und sie begleiten."[62] Die Entwicklung der Persönlichkeit ist der

---

[61] https://www.tsg-hoffenheim.de/teams/tsg-akademie/zentren/akademie-arena/ [16.03.2021].
[62] https://www.tsg-hoffenheim.de/teams/tsg-

1899-Akademie derart wichtig, dass die „Erwartungen an ihre Persönlichkeitsentwicklung durch ein Players' Book schriftlich formuliert" werden und „gemeinsam an der Umsetzung"[63] gearbeitet wird.

c) RB Leipzig

In der Nachwuchsförderung bei RB Leipzig gibt ein Leitbild die Grundlinien des Handelns vor[64], zusätzlich finden sich unter den Überschriften Pädagogik, Sportpsychologie und Medizin/Physiotherapie weitere Angaben zur Förderung des Nachwuchses. Das angesprochene Leitbild sieht die Nachwuchsförderung als wichtigen Baustein für den langfristigen Erfolg an, weshalb sich der Verein als verantwortlich für „die ganzheitliche Weiterentwicklung unserer Talente" sieht, wobei der Fokus auf den „sportlichen, sozialen und schulischen Kernkompetenzen"[65] liegt. Der ganzheitlich verfolgte Ausbildungsansatz umfasst Sport, Ausbildung und Persönlichkeit.

Die über das Wirken des Nachwuchsleistungszentrum an den Profisport herangeführten jungen Menschen sollen sich zu „verantwortungsbewussten und selbständigen Persönlichkeiten"[66] entwickeln und neben der sportlichen Seite Fähigkeiten erlernen, die „den jungen Menschen ein Leben lang in allen Lebensbereichen zugutekommen"[67]. Werte

akademie/zentren/leistungszentrum/ [16.03.2021].

[63] Ebd.

[64] Vgl. https://www.dierotenbullen.com/de/mannschaften/nachwuchsleistungszentrum.html [17.02.2021].

[65] Ebd.

[66] Vgl. ebd.

[67] Ebd.

und Haltungen, die den jungen Menschen selbstverständlich werden sollen, sind „Leidenschaft, Erfolgshunger, Respekt, Fairness und Selbstbewusstsein [...] Mentalität, Disziplin, Wille, Ehrlichkeit und Teamgeist“[68]. Der Wunsch ist, dass die Spieler jederzeit nach einer Weiterentwicklung streben. Dazu gehört, auf und abseits des Platzes alles zu tun, „um sich den Traum vom Profifußball zu erfüllen“[69].

Mit Blick auf die angesprochenen Rubriken liegt der Akzent bei der *Pädagogik* auf dem Leben im Internat sowie auf der schulischen Ausbildung. Der Verein möchte, dass die Spieler die bestmögliche Schulausbildung (mindestens Realschulabschluss) machen und eine Ausbildung erlernen oder studieren. Hierzu besitzt der Verein Kooperationen mit Schulen in Leipzig.[70] Zur Persönlichkeitsentwicklung allgemein und wie die Unterstützung dieser jenseits von Schule und Sport aussehen kann, finden sich an dieser Stelle keine Aussagen. In der Rubrik *Sportpsychologie* taucht die Persönlichkeitsentwicklung dagegen wieder auf. Deren übergeordnetes Ziel ist es, „eine ganzheitliche und nachhaltige Entwicklung unserer Jugendspieler, um gleichermaßen Anforderung im Fußball als auch im Leben bestmöglich meistern zu können“[71]. In diesem Zusammenhang erfolgt ein Bezug zum emotionalen Lernen und der Fähigkeit, mit Misserfolgen umgehen zu können. Hier ist eine individuelle wie auch gemeinschaftliche Förderung der jungen Menschen im Blick. Die recht ausführlichen Aus-

---

[68] Ebd.
[69] Ebd.
[70] Vgl. ebd.
[71] Ebd.

führungen zu *Medizin/Physiotherapie* sind hier nicht näher zu betrachten, da sie weniger die Ebene der Persönlichkeitsentwicklung als vielmehr die körperliche Gesundheit zum Anliegen haben.

d) Ertrag aus diesem Überblick

Welche Schlussfolgerungen lassen sich aus diesem Blick auf die Leistungszentren ziehen? Es stellt sich die Frage, ob bereits anhand der Struktur der Nachwuchsleistungszentren und der Integration der Entwicklung der Persönlichkeit Aussagen über die Erfolgsaussichten in der Ausbildung junger Menschen für den Profifußball getroffen werden können. Aus der Perspektive eines ganzheitlichen sportethischen Ansatzes wurde die These vertreten, dass eine Integrierung der persönlichen Reifung auf dem Boden entwicklungspsychologischer Erkenntnisse die sportliche Ausbildung maßgeblich mit unterstützt. Die Förderung der Entwicklung zur Reife einer Persönlichkeit als Ergänzung zur fußballerischen Ausbildung hilft derart die Ausbildung der künftigen Fußballer zu optimieren und den angesprochenen Wunsch nach langfristigem Erfolg zu sichern.

Wenngleich diese Strukturen das Handeln nicht festlegen, sondern ihm nur Orientierung geben und eine wesentliche Rolle der Umsetzung der Leitlinien den handelnden Personen zukommt, gibt es angesichts der dargelegten Strukturen dennoch interessante Beobachtungen.

Die drei gewählten Beispiele zeigen auf, dass vor allem bei der TSG Hoffenheim die entwicklungspsychologischen Faktoren maßgeblich integriert sind, wie beispielsweise die Einteilung der Ausbildung im Nachwuchsleistungszentrum in verschiedene Phasen mit ihren die Persönlichkeit fördernden Bausteinen offensichtlich werden lässt. Hier scheinen die Erfolgsaussichten am höchsten zu sein.[72] Beim FC Bayern München wird positiv in die Zukunft geblickt und davon ausgegangen, dass das neue Zentrum Spieler an das Profiteam heranführen hilft.[73] Aus einer ganzheitlich-sportethischen Perspektive dürfte mit Blick auf die Persönlichkeitsentwicklung dennoch auf struktureller Ebene einiger Spielraum nach oben gegeben sein, ähnlich wie auch bei RB Leipzig. Einzig bei der TSG Hoffenheim sind beispielsweise pädagogische Bausteine wie Praktika jenseits von Verein und Schule oder das Players Book implementiert, wenn man so will Komponenten, die nicht allein die Spielerpersönlichkeit, sondern den jeweiligen Menschen in seiner Personalität und persönlichen Entwicklung zum Zentrum haben.

Für eine solche Bewertung gibt es auch empirische Indizien – wobei ich mir darüber bewusst bin, dass diese nicht verabsolutiert werden dürfen. Folgende Vorgehensweise habe ich dafür gewählt.[74] Anhand der jeweils zu Saisonbeginn erscheinenden Kicker Sonderhefte wurden seit der Spielzeit 2013/14 alle Spieler erfasst, die von den drei Vereinen als Neuzugänge aus der eigenen Jugend angegeben wurden. Weiter erfolgte die Berücksichtigung folgender Faktoren, die transfermarkt.de entnommen sind: das Alter

---

[72] In der erwähnten Imagebroschüre listet die TSG die erzielten Erfolge auf: 39 Spieler, die in der A- oder B-Jugend für die TSG spielten, haben auch ein Bundesligaspiel absolviert. Vgl. Seite 8 in der Imagebroschüre.

[73] Vgl. https://www.tz.de/sport/fc-bayern/fc-bayern-campus-talente-jugendarbeit-13630726.html [02.03.2021].

[74] Vgl. https://www.ran.de/fussball/bundesliga/news/top-10-die-besten-jugendakademien-deutschlands-153443 [29.01.2021].

beim Eintritt in das Nachwuchsleistungszentrum, die Dauer der Zugehörigkeit und die Anzahl der Bundesligaeinsätze der betreffenden Spieler (egal für welchen Verein) bis zum Stichtag des 17. Februar 2021. Daraus ergab sich folgendes Bild: In dieser Zeit stießen bei der TSG Hoffenheim 15, bei RB Leipzig 12 und bei Bayern München 8 Spieler aus der Jugend zur Profimannschaft.[75] Die Dauer der Zugehörigkeit zum Nachwuchsleistungszentrum betrug bei der TSG Hoffenheim 4,6 Jahre, bei Bayern München 4,5 Jahre und bei RB Leipzig 3 Jahre.[76] Was die Zahl der Bundesligaspiele bis zum Stichtag angeht, absolvierten die Spieler der TSG Hoffenheim im Schnitt 21 Spiele, die des FC Bayern München 19 und die von RB Leipzig 0,25. Damit zeigt sich, dass die TSG Hoffenheim mit Blick auf diese Parameter die meisten Spieler hervorbrachte, die zudem jeweils am längsten zur vereinseigenen Akademie gehörten und durchschnittlich am meisten Bundesligaspiele absolvierten.[77] Gleichwohl ist der FC Bayern München der TSG Hoffenheim dicht auf den Fersen. Unter Berücksichtigung der Tatsache, dass der FC Bayern München den FC Bayern Campus erst vor knapp vier Jahren fertigstellte, gibt es hier tatsächlich die Option, eine positive Prognose zu wagen.

---

[75] Nicht berücksichtigt sind damit Spieler, die den Weg Jugend – 2. Mannschaft – Profiteam gingen.

[76] Übrigens kamen nur 13 der 35 berücksichtigten Spieler aus einem anderen Nachwuchsleistungszentrum zu diesen Vereinen.

[77] Nebenbei sei bemerkt, dass die Dauer der Zugehörigkeit auch beim SC Freiburg, einem für die Nachwuchsförderung gepriesenen Verein, niedriger als bei der TSG liegt. Hier sind – ausgeweitet von obigem Zeitraum ab der Saison 2013/14 – außer Oliver Baumann, Matthias Ginter und Janik Keitel alle Spieler erst im Laufe der weiteren Jugend zum SC gestoßen und kommen auf eine durchschnittliche Zugehörigkeit von rund drei Jahren.

Bei RB Leipzig gilt es selbstverständlich zu berücksichtigen, dass sich dieser Verein in der genannten Phase weiter im strukturellen Aufbau befand und bekanntlich erst 2016 in die Bundesliga aufstieg.

3. Vorschläge zur Weiterentwicklung der Nachwuchsförderung

Welche Folgerungen können aus den angestellten Überlegungen gezogen werden? Mit Blick auf die künftige Ausgestaltung der Entwicklung von Talenten sollten die Konzepte und das Handeln die entwicklungspsychologischen Erkenntnisse im Blick haben, damit die späteren Fußballer zu reifen, selbstbewussten und widerstandsfähigen Persönlichkeiten als Grundlage für die sportliche Höchstleistung heranwachsen.

Ein wesentlicher Punkt dürfte auf diesem Weg die Frage sein, ab wann die sportliche Förderung gepaart sein soll mit Leistungsdruck nach Profi-Vorbild. Hier scheint das Beispiel der TSG Hoffenheim ebenso einen Weg zu weisen wie die Aussage von Maurizio Gaudino, der ein längeres Verweilen in den Heimatvereinen anregt.[78] Mit Blick auf die Verweildauer von ungefähr vier Jahren in den Nachwuchsleistungszentren könnte die Gestalt der künftigen Nachwuchsförderung derart aussehen: die Jugendspieler bleiben bis einschließlich der U15 in ihren Heimatvereinen. Dies ermöglicht ihnen, im familiären Umfeld zu bleiben und als Persönlichkeit durch das gewohnte Ambiente zu reifen und eine Grundlage für die Widerstandsfähigkeit zu entwickeln.[79] Derart müssen die jungen Menschen dann

---

[78] Vgl. https://www.kicker.de/gaudino-lieber-zu-hause-gross-werden-1000002013971/video [09.03.2021].

[79] Wenn Uli Hoeneß die Einstellung von Nationalspielern bei der WM 2018 anspricht (vgl. Vgl. https://www.t-online.de/sport/fussball/id_89730878/uli-hoeness-rechnet-mit-dfb-ab-postenschacherei-und-machtspiele-.html [26.03.2021]), dienen die vorliegenden Überlegungen dazu, die Resilienz der Spieler mit in den

nicht mehr permanent unter teilweise großem Zeitaufwand zum Training in die Zentren fahren. Parallel besteht die Option, dass die Nachwuchsleistungszentren für talentierte Spieler einmal wöchentlich und in den Ferien Zusatztrainings zur technischen, körperlichen und spieltaktischen Weiterentwicklung anbieten. Eventuell könnte ein Kreis dieser Spieler vertraglich bereits einem Nachwuchsleistungszentrum angehören, so dass die Gefahr, dass Spieler von anderen Vereinen und deren Nachwuchsleistungszentrum (etwas aus dem Ausland) abgeworben werden könnten, minimiert wird.

Gerade auch in dünn besiedelten Gegenden Deutschlands besitzt diese Version einen weiteren Vorteil: denn wenn Jugendmannschaften von Nachwuchsleistungszentren in den örtlichen Ligen spielen, sind diese Spiele oft Muster ohne Wert. Die besten Spieler spielen oft im Nachwuchsleistungszentrum, die „Dorfvereine“ bluten aus und stellen keine konkurrenzfähigen Teams.[80] Bleiben die guten Spieler in den eigentlichen Vereinen, ist der Wettkampfcharakter größer. Zudem ermöglicht dies, mehr Spieler zu fördern. Wenn ein Nachwuchsleistungszentrum für seine U11 Spieler zusammenstellt, sind das vielleicht 15 Spieler. Gleichwohl gibt es in einem Gebiet sicher mehr als 15

Blick zu nehmen. Eine fehlende persönliche Entwicklung der Widerstandsfähigkeit könnte eine von außen als fehlende Einstellung gedeutete Wahrnehmung mit verursachen.

[80] Uli Hoeneß wies bei seinem ersten Auftritt als Experte bei den WM-Qualifikationsspielen am 25. März 2021 darauf hin, dass Profisport nur auf dem Boden eines intakten Jugend- und Amateurfußballs zukunftsfähig ist. Vgl. https://www.t-online.de/sport/fussball/id_89730878/uli-hoeness-rechnet-mit-dfb-ab-postenschacherei-und-machtspiele-.html [26.03.2021].

mögliche Optionen. Durch unterschiedliche körperliche und psychische Entwicklungen, Verletzungen und weitere Faktoren ist es aber durchaus möglich, dass die Wahl ein oder zwei Jahre später anders ausfiele. Diese nicht ausgewählten Spieler weiter zu fördern, müsste aber doch im Interesse des Fußballs allgemein und auch des konkreten Nachwuchsleistungszentrums liegen.

Mit Blick auf die dann erst später intensiv erfolgende Förderung der Talente in den Nachwuchsleistungszentren selbst dürfte eine Beeinträchtigung in der Bildung einer ausreichenden Resilienz dagegen eher darin liegen, ihnen im alltäglichen Leben zu viele Bausteine abzunehmen und sie durch den Komfort einer „hotel civilization" (Henry James) von vielen Problemen des „normalen Bürgers" fernzuhalten. Das hat zur Folge, dass sie zwar mit Blick auf die sportliche Seite unter großen Anforderungen stehen, aber im Gesamt weniger „kämpfen" müssen, als es für die Herausbildung der Resilienz wichtig wäre.

Schließlich ein letzter Hinweis, der die Amateurvereine maßgeblich mitbetrifft: Angesichts der angesprochenen Vielseitigkeit der Talentförderung stellt sich auch die Frage nach den Trainern. Denn mit dem Akzent auf der Persönlichkeitsentwicklung ist ein pädagogisches Vorgehen abverlangt, das nicht unbedingt mit der sportlichen Qualifikation in Einklang steht. Hier böte sich die Option an, die Trainerteams mit Personen verschiedenen Kompetenzen zu besetzen. Nicht nur sportliche, sondern auch menschlich-pädagogische Fähigkeiten wären abzudecken. Auch dürfte eine Durchmischung beim Lebensalter positive Auswirkungen haben. Denn ein Trainer mit möglicherweise bereits eigenen Kindern könnte angesichts seiner Lebenserfahrung mithelfen, den Druck auf einzelne Spieler in entsprechenden Entwicklungsphasen abzufedern, damit ein Talent nicht in zu jungen Jahren am Druck zerbricht. Eine ausschließlich junge Trainergilde steht demgegenüber möglicherweise in der Gefahr, durch „jugendlichen Übermut“ junge Menschen zu überfordern. Wie in der Schule die Freude am Lernen die beste Lerngrundlage bildet, so im Fußball die Freude am Sport – kommt diese durch nicht altersgemäßen Leistungsdruck abhanden, können dem Fußball in Deutschland dadurch vielversprechende Talente in unnötiger Weise verloren gehen. Mit Blick auf den Amateurbereich könnte durch eine im Anhang 2 zu findende Selbstverpflichtung der Trainer zur Stärkung der Kinder das Bewusstsein für entsprechendes Handeln gestärkt werden.[81] Bei den untersuchten Nachwuchsleistungszentren vermag interessanterweise ebenfalls die TSG Hoffenheim bezüglich ihrer Trainerausbildung und die aus ihr hervorgegangen Trainer auf Erfolge zu verweisen.[82]

Ein letzter Hinweis betrifft die notwendige Elternarbeit. Eine Integration derselben in das ganze Korsett und ein Hand in Hand gehen mit dem Wirken der Vereine ist in diesem Zusammenhang unabdingbar. Denn auch elterlicher Übermut vermag die persönliche und sportliche Entwicklung negativ zu beeinträchtigen. Im Amateurbereich kann die Installierung eines Elterngremiums nach den Ideen des Anhangs 3 dazu verhelfen, das Handeln des Vereins und der Eltern aufeinander abzustimmen.

---

[81] Die im Anhang 2 zu findende Erklärung verabschiedete der Trainerkreis des damaligen FC 08 Staufen und heutigen Staufener SC auf dem Boden meiner Vorlage zu meiner Zeit als Jugendleiter dort. Ich danke dem Verein für die Erlaubnis zum Abdruck.

[82] Vgl. Imagebroschüre, Seite 9.

Anhang 1[83]

Jugendfußballkonzept des ________________

Allgemeine Ziele:

Im ________________ e.V. spielen Kinder und Jugendliche Fußball. Das Vertrauen, welches die Spieler und Eltern in den ________________ e.V. setzen, möchten wir durch die Erarbeitung und Befolgung des Jugendkonzeptes würdigen und uns zu einer Jugendarbeit auf dem Boden der Qualifizierungsoffensive des DFB bekennen. Deshalb streben wir neben der sportlichen Ausbildung an, die Spieler auch in ihrer persönlichen Entwicklung zu unterstützen. Gleichzeitig wissen sich alle Trainer und Betreuer ihrer Verantwortung verpflichtet, durch ihre Tätigkeit auch Nachwuchs für Funktionärsaufgaben in sportlichem und gesellschaftlichem Wirkungsfeld mit auszubilden.

Wir streben deshalb zwei große Ziele an:

- eine umfassende und qualitative sportliche Schulung der Spieler
- ein Beitrag zur Reifung der Spieler zu eigenverantwortlichen und charakterfesten Persönlichkeiten

[83] Bei der Erstellung der hier abgedruckten Texte in den jeweiligen Vereinen haben damals folgende Quellen als Inspiration gedient: Fußball von morgen Band 1. Kinderfußball. Ein Lehrbuch des DFB und Fußball von morgen Band 2. Leistungstraining für B-/A-Junioren und Amateure sowie die DFB-Homepage mit dem Bereich zu „Kinder stark machen“ in der damaligen Version.

Leitsätze:

Zur Erlangung dieser Ziele hat der _______________ e.V. Leitsätze formuliert, zu denen sich alle Verantwortlichen bekennen.

- Wir verschreiben uns der Entwicklung von geschulten, selbstsicheren und kreativen Spielern

In Anlehnung an den DFB liegen folgende vier Inhaltsbausteine unserem Training zugrunde, die altersgerecht eingeübt werden: vielseitige Bewegungsschulung (Gehen, Laufen, Hüpfen, Rollen, Kriechen, Werfen, Fangen, Klettern, Balancieren), fußballorientierte Bewegungsschulung (Spielen mit Bällen, kleine Ballspiele, Bewegungsaufgaben zu zwei/dritt, Koordinationsübungen), fußballspezifisches Techniktraining (Dribbling, Passspiel, Torschuss, Ballkontrolle von flachen, halbhohen und hohen Bällen, Kopfball) und Fußball spielen (in verschiedenen Spielformen und unterschiedlichen Gruppengrößen). Dies gewährleistet eine vielseitige Schulung der Spieler, sie erhalten die notwendigen sportlichen Grundlagen, um ein guter Spieler zu werden.

- Wir stehen für Freude an der Anwendung des Erlernten im Spiel

Die Übungen des Trainings richten sich ausschließlich an den Interessen und dem Können der Kinder aus: Wie sind Kinder? Was wollen sie, woran haben sie Freude?

Durch altersgerechte Übungen wollen wir so ein hohes Maß an Motivation erreichen. Gerade bei den jüngeren

Spielern helfen kleine Wettkampfformen dabei, auf spielerische Weise zu lernen und mit Freude am Ball zu sein. Bei abwechslungsreichen Spielformen steht immer der Ball im Mittelpunkt. Gleichzeitig fördern diese Spielformen von klein auf das taktische Verständnis der Spieler.

- Wir stehen für das Vorleben eines guten Sportsgeistes und Respekts vor jedem

Allem sportlichen Ehrgeiz und Erfolg ist der gute Sportsgeist übergeordnet. Eine ganzheitliche persönliche Entwicklung der Spieler erfordert es, dass der positive Umgang mit Niederlagen höher zu bewerten ist als Siegen um jeden Preis. Die Jugendtrainer und Betreuer gehen hier mit Beispiel voran. Wir verschreiben uns einem respektvollen Umgang mit allen – Mitspielern, Trainern, Eltern und sportlichen Gegnern. Auch darf jedes Kind und jeder Jugendliche, egal welcher Nationalität, Hautfarbe, Behinderung oder welches Talents bei uns im Verein Fußball spielen. Es ist für uns auch selbstverständlich, dass rassistische, chauvinistische und jegliche andere diskriminierenden Kommentare völlig fehl am Platz und nicht geduldet sind.

- Wir setzen uns ein für Förderung und Festigung von Charakter und Leistung

Mit diesen Grundlagen liefert der ________________ e.V. einen wichtigen Beitrag bei der Bildung unserer Jugendspieler zu eigenverantwortlichen Persönlichkeiten, die Probleme mit Mut und Lebensfreude angehen, für Werte wie Ehrlichkeit und Toleranz eintreten und im sozialen Miteinander die Mitmenschen schätzen und achten.

Anhang 2

Kinder stark machen

„Kinder stark machen – Für ein Leben ohne Sucht und Drogen“, diesem Motto der *Bundeszentrale für gesundheitliche Aufklärung* hat sich unter anderem der DFB als Sportverband angeschlossen. Die Jugendabteilung des ________________ bekennt sich ausdrücklich zu dieser Kampagne und verpflichtet sich dazu, gemäß den Anforderungen dieses Mottos verantwortlich zu handeln. Bereits im verabschiedeten Jugendkonzept ist ein zentraler Baustein, die Stärkung der Persönlichkeit der Spieler, fest verankert.

Für uns gilt:

- Wir tun alles uns Mögliche, was zur Stärkung des Selbstbewusstseins der Spieler beiträgt: Lob, Gemeinschaftsgefühl und Vorbild sein, damit die Spieler selbstbewusst ihren Weg gehen und in der Gruppe die Fähigkeit zum „Nein“ und zum Widerstand bei Gruppenzwang lernen.
- Bei aller Freude über Siege ist uns das Erlernen eines frustfreien Umgangs mit Niederlagen wichtiger als Erfolg um jeden Preis. Wir vermitteln den Spieler, dass sich ihre Wertigkeit nicht an der sportlichen Leistung, sondern an ihrer Persönlichkeit orientiert.
- Wir fordern einen respektvollen Umgang mit allen ein – Mitspielern, Trainern, Eltern und sportlichen Gegnern. Auch darf jedes Kind und jeder Jugendliche, egal welcher Nationalität, Hautfarbe oder welches Talents bei

uns im Verein Fußball spielen. Es ist für uns auch selbstverständlich, dass rassistische, chauvinistische und jegliche andere diskriminierenden Kommentare völlig fehl am Platz und nicht geduldet sind.

Wir verpflichten uns:

- Wir verpflichten uns zu einem verantwortungsvollen Umgang mit Suchtmitteln: Wir rauchen möglichst nicht im Beisein der Spieler, schon gar nicht im Training oder während der Wettkämpfe. Wir trinken bei Mannschaftssitzungen und der Betreuung der Spieler keinen Alkohol, fahren Kinder selbstverständlich nur bei 0 Promille, dulden keine Alkopops und wollen Veranstaltungen auch ohne Alkohol attraktiv und spannend gestalten. Schließlich ist Rauchen oder Trinken von Alkohol im Trikot in der gesamten Jugendabteilung untersagt!
- Wir treten ein für eine umfassende Ernährung, die Power gibt und wahre Stärke verleiht: Schon bei den Bambini gibt es als Anreiz Obst und keine Süßigkeiten, zudem werden im Training auf spielerische Weise den Kindern die verschiedenen Obst- und Gemüsesorten vorgestellt.

Wir leisten:

- Wir fördern das Bewusstsein für „starke Kinder“ im Verein und der Stadt durch thematische Elternabende.
- Wir informieren durch Stände bei unseren Turnieren über die Kampagne und sensibilisieren für die Problematik.

Ort, Datum Die Jugendabteilung

Anhang 3

Statuten Elterngremium

Das Elterngremium des _______________ e. V. versteht sich als ein Bindeglied zwischen Eltern und Jugendtrainern sowie Jugendleiter. Es dient dazu, die vielfältigen Ziele der Jugendarbeit zu unterstützen.

Pädagogische Ziele

Das Jugendkonzept des _______________ e.V. sieht eine umfassende Förderung der Jugendlichen vor. Neben den sportlichen Zielen geht es darum, die Jugendlichen in ihrer menschlichen Entwicklung auf dem Weg zu einer gefestigten Persönlichkeit zu unterstützen. Mit dieser Zielsetzung legt der _______________ e.V. eine hohe Messlatte an sich selbst und seine ehrenamtlichen Trainer/Betreuer einerseits, wie auch an die Eltern andererseits. Dies macht eine enge Zusammenarbeit aller Seiten erforderlich. Das Elterngremium sieht sich hier besonders in der Verantwortung als

- Bindeglied zwischen Eltern, Trainern und Jugendleiter
- Ansprechpartner bei auftauchenden Problemen
- Plattform für konstruktive Kritik und Verbesserungsvorschläge

Sportliche Ziele

Auf dem Weg zu einer gefestigten Persönlichkeit sind für die Jugendlichen Selbstbewusstsein und Erfolgserlebnisse von entscheidender Bedeutung. Erfolg im Sport ist dabei eine Möglichkeit, als Mensch zu reifen und zu lernen, sich in einer Gruppe zu integrieren. Das Elterngremium bietet Hilfestellung für die Erlangung des sportlichen Erfolgs an durch

- Anregungen für das Training
- Unterstützung von Team bildenden Events
- Konstruktive Kritik
- Pflege der Ausrüstung

Unterstützung

Die ehrgeizigen sportlichen Ziele erfordert nicht nur den Einsatz vieler ehrenamtlicher Mitarbeiter, sondern auch finanzielle Mittel. Diese müssen vom Verein und der Jugendabteilung erwirtschaftet werden. Da die umfassende Förderung der Jugendlichen im Interesse der *Trainer und Eltern* liegt, übernimmt das Elterngremium verschiedene Aufgaben:

- Werben von Sponsoren
- Motivierung einer möglichst hohen Anzahl von Eltern zur Mithilfe
- Gewinnung und Koordination der Helfer bei Veranstaltungen

- Ideengeber für neue Wege
- Suche von Schiedsrichtern für die unteren Jugendmannschaften
- Organisation Fahrdienst zu Auswärtsspielen

Zusammensetzung und Bestellung

Das Elterngremium besteht aus je einem Elternvertreter pro Jugendmannschaft sowie dem Jugendleiter und einem weiteren Jugendtrainer. Der Jugendtrainer wird vom Jugendleiter bestimmt, die Elternvertreter werden ab der Saison _________ auf dem Elternabend der jeweiligen Jugendmannschaft für ein Jahr gewählt.